BEI GRIN MACHT SICH WISSEN BEZAHLT

Jackeline Bernarding

"Und sie lebten glücklich bis ans Ende ihrer Tage". Eine soziologische Analyse der Auflösungsphase in Zweierbeziehung und Ehe

GRIN Verlag

Bibliografische Information der Deutschen Nationalbibliothek:

Die Deutsche Bibliothek verzeichnet diese Publikation in der Deutschen National-
bibliografie; detaillierte bibliografische Daten sind im Internet über http://dnb.d-
nb.de/ abrufbar.

Impressum:

Copyright © 2014 GRIN Verlag GmbH
Druck und Bindung: Books on Demand GmbH, Norderstedt Germany
ISBN: 978-3-656-68029-1

Dieses Buch bei GRIN:

http://www.grin.com/de/e-book/275607/und-sie-lebten-gluecklich-bis-ans-ende-
ihrer-tage-eine-soziologische

GRIN - Your knowledge has value

Der GRIN Verlag publiziert seit 1998 wissenschaftliche Arbeiten von Studenten, Hochschullehrern und anderen Akademikern als eBook und gedrucktes Buch. Die Verlagswebsite www.grin.com ist die ideale Plattform zur Veröffentlichung von Hausarbeiten, Abschlussarbeiten, wissenschaftlichen Aufsätzen, Dissertationen und Fachbüchern.

Besuchen Sie uns im Internet:

http://www.grin.com/

http://www.facebook.com/grincom

http://www.twitter.com/grin_com

Goethe Universität Frankfurt am Main

Fachbereich 03 der Johann Wolfgang Goethe-Universität

Lehrveranstaltung: Ausgewählte Probleme der Familiensoziologie: Zu einer Soziologie der Liebe

Semester: WS 2013/14

"Und sie lebten glücklich bis ans Ende ihrer Tage"

Eine soziologische Analyse der
Auflösungsphase in einer Zweierbeziehung und Ehe

Name: Jackeline Bernarding

Studienfach: Soziologie

Modul 2

Datum der Abgabe: 31.03.2014

Inhaltsverzeichnis

1.   Einleitung

Rund 179 100 Ehen endeten 2012 vor dem Scheidungsrichter. Das bedeutet laut Statistischem Bundesamt einen Rückgang von 4,5 Prozent gegenüber dem Vorjahr. Trotzdem setzt sich der Trennungstrend fort: Etwa elf von 1000 Ehen wurden in den letzten Jahren in Deutschland geschieden, vor 20 Jahren waren es noch sieben von 1000. „Jede dritte Ehe scheitert. Warum die Liebe in die Brüche geht?" mit diesem Titel publizierte das Focus Magazin am 23. Dezember 2013 einen Artikel über die Motive einer Eheauflösung (vgl. Fux 2013: 1). „Von einer Partnerschaft erhoffen sich viele Menschen inzwischen ganz andere Dinge: Die Liebe ist heute die wichtigste Glücksquelle im Leben der meisten Menschen, sie soll das Leben bereichern, aufregender machen, die Einsamkeit vertreiben" (Fux 2013: 1). Zweierbeziehungen und das Thema Ehe sind Forschungsgegenstand der Familiensoziologie. Auf Grund von veränderten Einstellungen zu Zweierbeziehungen und Ehe, sowie der Trennung der Institution Familie und der Institution Ehe, hat in der letzten Zeit das Interesse an der Forschung auf diesem Gebiet zugenommen. Vor einiger Zeit beschäftigte sich die wissenschaftliche Forschung nur mit dem Themenbereich Familie (bzw. mit der Beziehung zwischen Eltern und Kind), inzwischen rückt auch die Beziehung zwischen den Partnern in den Fokus des Interesses. Nicht nur Familien, sondern auch die Ehen bzw. Zweierbeziehungen sind also deswegen wieder interessant für die Wissenschaft geworden, weil die Strukturen einem Wandel unterlegen sind. Bis ca. 1980 wurde die Zweierbeziehung und die darauf folgende Ehe ausschließlich als Übergangsphase in die Institution Familie betrachtet. Die Ehepartner galten nicht als eigenständiger Forschungsbereich, da sie einzig einen kurzen Zeitraum, vor der Entstehung der Familie, in Anspruch nahmen (vgl. Lenz 2009: 11).

Ausgangssituation dieser Arbeit ist die Frage nach dem Ende der Liebesbeziehung bzw. nach der Auflösungsphase der Zweierbeziehung und Ehe. Im diesem Sinne wird die folgende Frage gestellt; wie sieht es mit der Endphase einer Zweierbeziehung und Ehe aus? Im ersten Teil dieser Arbeit werden zunächst die Begriffe; Zweierbeziehung, Ehe und eheähnliche Gemeinschaft dargestellt. Im zweiten Abschnitt folgt eine allgemeine Betrachtung des Wandels der Zweierbeziehung und Ehe. Im dritten Teil werden die Bedeutung und Motive der Eheschließung angeschaut, um heraus zu finden, warum Menschen heutzutage heiraten und was für sie die Eheschließung bedeutet. Im vierten Teil wird die Auflösungsphase in einer Zweierbeziehung und Ehe untersucht. Am Ende steht die Schlussbetrachtung.

2. Begriffsklärung: Zweierbeziehung, Ehe und eheähnliche Gemeinschaft

Ehen und eheähnliche Konstellationen stellen einen Strukturtypus persönlicher Beziehung dar (Lenz 2009: 45). Von Ehe und eheähnliche Beziehungen zu sprechen, reicht ebenso wenig aus wie die bloße Aufzählung der verschiedenen Formen. Erforderlich erscheint vielmehr ein einheitlicher Begriff als Klammer für diese Beziehungsvielfalt; der Begriff der Zweierbeziehung (Lenz 2009: 45). Neben der Definition von Ehe werden in diesem Teil der Arbeit alternative Beziehungsformen dargestellt und die Beziehung zwischen zwei Personen definiert. Die Begriffsbestimmung der Ehe zeigt wichtige Charaktereigenschaften, die eine solche Lebensgemeinschaft kennzeichnen. Die alternative Beziehungsform der eheähnlichen Beziehung wird gleichfalls präsentiert. Es soll jedoch an erster Stelle die Zweierbeziehung im Mittelpunkt stehen und in den Blick des Interesses gerichtet werden.

2.1 Begriffsklärung „Zweierbeziehung"

Unter einer Zweierbeziehung soll ein Strukturtypus zwischen Personen unterschiedlichen oder gleichen Geschlechts verstanden werden, der sich durch einen hohen Grad an Verbindlichkeit (Exklusivität) auszeichnet, ein gesteigertes Maß an Zuwendung aufweist und die Praxis sexueller Interaktion – oder zumindest deren Möglichkeit – einschließt (Lenz 2009: 48). Der Leitbegriff der Zweierbeziehung soll an dieser Stelle als Überbegriff benutzt werden, da er mehrere Beziehungsformen mit einschließt. Bereits im Jahr 1989 haben John Scanzoni, Karen Polonko, Jay Teachman und Linda Thompson darauf hingewiesen, dass ein neuer Leitbegriff notwendig ist (vgl. Lenz 2009: 45). Statt der originären Definition, dass Zweierbeziehungen „die Praxis sexueller Interaktion einschließt bzw. eingeschlossen hat", heißt von nun an: „die Praxis sexueller Interaktion – oder zumindest deren Möglichkeit – einschließt". Dr. Maja S. Maier illustrierte dies anhand der Studie von Sally Cline (1998). Cline (1998) berichtet von einem Paar, das seit einem knappen Jahr ohne sexuellen Austausch zusammen ist. Der Wunsch besteht zwar von beiden Seiten, aber wegen der erlebten Dramatisierung eines Partners wird auf eine sexuelle Praxis bislang verzichtet (vgl. Lenz 2009: 48). In Interviews zu den Beziehungsanfängen aus dem Forschungsprojekt „Internationalisierungsprozesse in Zweierbeziehungen" wird darauf hingewiesen, dass diese Art von Beziehungen sogar ohne sexuelle Interaktion existieren könne. Dies ist zum Beispiel der Fall bei Beziehungen, die erst in einem höheren Lebensalter entstehen (vgl. Lenz 2009: 48). Der Begriff der Zweierbeziehung beinhaltet gleichermaßen hetero-

wie auch homosexuelle Konstellationen. Ob beide Personen verheiratet sind, ein oder mehrere (gemeinsame) Kinder haben und/oder zusammenwohnen, spielt keine Rolle (Lenz 2009: 49). Emotionalität (in der vieles offen lassenden Form der gesteigerten Zuwendung) und Sexualität werden als in dieser Konstellation wichtige Momente zwar benannt, ohne allerdings sie in einer bestimmten Gestalt und Konstanz als „das" Bestimmungsmerkmal festzuschreiben (Lenz 2009: 49). Zweierbeziehung als Leitbegriff ist durchaus damit vereinbart, dass zu einer bestimmten Epoche und Gesellschaft die Ehe eine übermächtige Form der Zweierbeziehung ist. Unter diesen Voraussetzungen fallen Zweierbeziehungen und Ehen zusammen. Allerdings ist es wichtig, beide getrennt voneinander zu beachten und zu halten, dass die Ehe nur eine mögliche Ausprägung von Zweierbeziehung ist (Lenz 2009: 49). Jede Ehe umfasst demzufolge eine Zweierbeziehung. Die einzige Abweichung besteht darin, dass die Ehe eine rechtliche Legitimation durch den Staat aufweist (vgl. Lenz 2009: 25). Jede Partnerschaft zeigt eine eigene Dynamik, die durch den Begriff „Zweierbeziehung" nicht außer Acht gelassen wird. Durch den Modernisierungsprozess unserer Gesellschaft wird der Fokus nicht mehr nur auf Familie und Ehe eingeschränkt. Zweierbeziehungen verraten uns, dass viele Beziehungsformen nebeneinander existieren, die in ein Sozialisationssystem eingebunden sind (vgl. Lenz 2009: 25ff).

2.2   Begriffsklärung „Ehe"

In unserer Gesellschaft gilt Ehe als eine rechtlich legitimierte, auf Dauer angelegte Beziehung zweier ehemündiger, verschiedengeschlechtlicher Personen (Lenz 200: 49). Das Fachlexikon der Sozialen Arbeit definiert Ehe wie folgt: „Ehe (aus dem althochdeutschem= awe = Ewigkeit, Recht - Recht) ist eine in der jeweiligen Gesellschaftsordnung sozial anerkannte und durch Rechtsnormen gefestigte Lebensgemeinschaft. Nach dem deutschen Recht ist Ehe ausschließlich monogam und verschiedengeschlechtlich. Die Ehe und Familie stehen nach Artikel 6 Abschnitt 1 des Grundgesetzes (GG) unter dem besonderen Schutz der staatliche Ordnung." (Burschel 2007: 222 f). Forschungsgegenstand der Familiensoziologie war in erster Linie die Eltern-Kind-Beziehung; Ehen kamen in diesem Bereich überwiegend nur in Bezug auf die Familie in den Blick. Die Ehe wurde – und wird zum Teil auch weiterhin – lediglich als ein kurzer und dadurch auch bedeutungsloser Vorlauf zu einer als dem „eigentlichen Zweck" oder „eigentlichen Motiv" aufgefasste Familienbildung betrachtet (vgl. Schmidt 2002; Nave-Herz /Markefka 1989). Die Ehe wird allgemein als grundsätzlich lebenslanger Bund angesehen, aus dieser entstehen in der Regel sexuelle und ökonomische Rechte und Pflichten, Nachkommen aus einer Ehe werden von den übrigen Gesellschaftsmitglieder als rechtmäßig anerkannt (Müller 2006: 48).

Das zentrale Kriterium, das Ehen von anderen Zweierbeziehungen unterscheidet, ist die rechtliche Legitimation durch den Staat. Da diese Legitimation nicht in allen Kulturen der Welt durch den Staat stattgegeben wird, kann man allgemeiner formulieren, dass das Besondere einer Eheschließung in der Verpflichtungserklärung gegenüber Dritten und im Schutz von Dritten besteht. Welche Entität als Dritter befugt ist, eine Ehe als verbindlich zu erklären, ist kulturell variable und unterliegt historischen Verschiebungen (Lenz 2009: 49). Erst seit vier Generationen existiert in Deutschland die standesamtliche Trauung. Vorher war die Kirche die zentrale Instanz der Ehestiftung. Erst mit der Reichsgründung 1871 war es für alle Bevölkerungsgruppen möglich, uneingeschränkt zu heiraten (vgl. Lenz 2009: 49). Bis heute gilt aber, dass nur Personen unterschiedlichen Geschlechts eine Ehe schließen dürfen. Seit August 2001 hat der deutsche Gesetzgeber – nach dem Vorbild anderer europäischer Staaten – mit der eingetragenen Lebenspartnerschaft auch für lesbische Paare und Schwule eine staatliche Registrierung mit eheähnliche Rechten und Pflichten geschaffen. Dennoch handelt es sich nicht um eine völlige Gleichstellung mit einer Ehe. Eine solche gibt es nur bis dato in den Niederlanden (Lenz 2009: 50). Durch eine Eheschließung werden die Verwandtschaftslinien beider Familien neu kreiert. Eine Mutter übernimmt die Rolle der Schwiegermutter, einem Bruder wird nach der Eheschließung auch die Rolle eines Schwagers zugewiesen usw.. Auch wenn die Ehe nicht mehr gezwungenermaßen auf Kinder schließen lässt, wird diese Institution diese Erwartung noch häufig zugeschrieben (vgl. Nave-Herz 2004: 24ff). Durch das Ehebündnis wird der Zweierbeziehung eine rechtliche, soziale und soziologische Rolle zugeschrieben. Die Ehe führt zu Rechten und Verpflichtung, dies gilt für die gesamte Familie (vgl. Lenz 2009: 53).

2.3   Begriffsklärung „Eheähnliche Gemeinschaft"

Eine „Eheähnliche Gemeinschaft" liegt vor, wenn zwei nicht verheiratete Personen, zwischen denen die Ehe rechtlich möglich ist, wie ein nicht getrennt lebendes Ehepaar – auf Dauer angelegt – in gemeinsamer Wohn- und Wirtschaftsgemeinschaft leben, sie also in Überstimmung einen gemeinsamen Haushalt   führen,   wie   es   für zusammenlebende Ehegatten typisch ist." (Tattermusch 2007:   223   ff). Eine eheähnliche Lebensgemeinschaft kann sich wie folgt auszeichnen: Intimität und sexuelle Beziehung, gegenseitige Unterstützung, langfristiges Zusammenleben, gemeinsame Freizeitaktivitäten und Urlaub sowie eine   Führung   von   getrennten Bankkonten (vgl. Tattermusch 2007: 223ff). Gegenwärtig sind sexuelle Partnerschaften und gemeinsame Wohnräume ohne eine Trauung möglich. Durch die Abnahme der ehelichen Zwänge hat sich diese Art von Lebensgemeinschaft in Europa stark ausgedehnt. Die Motive für eine eheähnliche Gemeinschaft sind divers. Von Flexibilität in der Arbeitswelt über die Erschwerung der Umsetzung einer Familie, bis hin zum

„Versuchsmodell", ob eine langanhaltende Beziehung möglich ist, werden einige Belege in der Literatur genannt. Der eheähnlichen Gemeinschaft werden Vor- und Nachteile zugeordnet. Diese Form von Lebensgemeinschaft wird oft bei jungen Menschen, welche das Elternhaus vor kurzer Zeit verlassen haben, angewandt. In vielen Fällen führt die eheähnliche Gemeinschaft in eine spätere Ehe. Dies ist der Fall, wenn der Wunsch nach Kindern und die gegebene finanzielle Sicherheit vorhanden sind. „Die Gründung einer nichtehelichen Gemeinschaft ist also an der Gegenwart orientiert, die Eheschließung dagegen auf die Zukunft..." (Nave–Herz 2004: 109). Im gleichen Sinne wird davon ausgegangen, dass die Entscheidung zur eheähnlichen Lebensgemeinschaft auf das Verlangen nach Sicherheit und emotionaler Stabilität zurückzuführen ist. Darüber hinaus kann die Eheähnliche Gemeinschaft als Hinweis des großen Wandels in der Gesellschaft und den wachsenden Anforderungen betrachtet werden (vgl. Nave–Herz 2004: 111). Eheähnliche Gemeinschaften schließen auch homosexuelle Partnerschaften ein. Diese werden bei der standesamtlichen Trauung allerdings nicht als Ehe anerkannt, sondern durch das Lebenspartnerschaftsgesetz, welches im Jahr 2001 in Kraft trat, geregelt (vgl. Tattermusch 2007: 223).

3. Wandel der Zweierbeziehung und Ehe

Eine Zweierbeziehung und eine Ehe basierend auf Liebe waren vor dem 18. Jahrhundert kaum existent. Selbst wohlsituierte Menschen erlaubten sich selten eine Trauung, die auf „romantische Liebe" basierte. Es ging damals bei der Eheschließung um ökonomische Vorteile und den Erhalt (oder das ausweiten) des familiären Besitzes (vgl. Nave-Herz 2004: 51). Die Zusammenkunft von Familienmitgliedern und Ehepartnern beruhte bis ins 18. Jahrhundert hinein nicht auf emotionale Gründe, sondern auf wirtschaftlichen und arbeitstechnischen Gründen. Die gesamte Familie war für den Erhalt des Besitzes verantwortlich und wirtschaftete gemeinsam, um Lebensmittel zu produzieren oder die Nutztiere zu versorgen (vgl. Marx 2011: 8). Ebenso standen bei der Heirat die Zeugung von Kindern und der Erhalt der Verwandtschaftslinien im Vordergrund. Berücksichtigt wurde die Gesundheit des zukünftigen Ehepartners, als auch die Bereitschaft zur Arbeit. In Hinsicht auf die Ehe wurde häufig von der Herkunftsfamilie, über die Partnerwahl der Unverheirateten entschieden. Dadurch waren die Angehörigen der Familie auch im Alter oder im Falle von Krankheiten stets versorgt. Eine Familie umfasste zur damaligen Zeit noch alle beteiligten Personen im Haushalt, auch nicht verwandte Personen galten als Familienmitglieder. Die Aufteilung der Aufgaben von Mann und Frau war in jener Zeit zwar nach Geschlecht geregelt, es ist jedoch davon auszugehen, dass Männer und Frauen fast alle Aufgaben übernahmen. Die Trennung von Privatleben und Arbeitsleben war in jenen Tagen nicht gegeben. Beide Lebensweisen vermischten sich miteinander und konnte häufig nicht voneinander unterschieden werden (vgl. Nave-Herz 2004: 37). Der Vater wachte über alle Geschehnisse und Abläufe im Haus. Uhr- und Mahlzeiten wurden nach ihm ausgerichtet (vgl. Nave-Herz 2004: 44). Hinsichtlich der täglichen Aufgabe, die Existenz der Familien zu sichern, blieb wenig Zeit für Zuneigung und Emotionen. Auch in damaligen Verhältnissen gab es emotionale Bindungen. Diese konnten jedoch nicht zeitintensiv gepflegt werden und waren keine Pflicht unter Familienmitgliedern (vgl. Beck-Gernsheim 1986: 147). Nach der Industrialisierung begann die Herauslösung aus alten Mustern. Dies nahm allerdings viele Jahre in Anspruch. Die Großfamilie transformierte sich zu einer Kernfamilie und bot nur noch Zugang für direkte Familienmitglieder. Die Spaltung von Arbeitsleben und Privatleben fing an. Die Struktur des Hausvaters wurde durch den erwerbstätigen Ehemann abgelöst. Die Familie wurde Zufluchtsort vor der äußeren Arbeitswelt, sie bot emotionale Nähe zu den Familienmitgliedern, Geborgenheit und Schutz (vgl. Marx 2011: 9). „Die Emotionalisierung der Familie trug ihren endgültigen Sieg davon, als die „romantische Liebe" und nicht mehr das Vermögen oder die Arbeitskraft zum einzig legitimen Heiratsgrund wurde. Damit setzte sich die romantische-idealistische Interpretation der Ehe als „Bund verwandter Seelen" - eine gebräuchliche Formulierung in jener Zeit – durch (Nave-Herz 2004: 50). Doch dieser war ein langer Prozess. Zuerst wurde das „alte" Bild der Ehe einige Zeit weitergeführt. Die Implementierung der „romantische Liebe" als Heiratsmotiv setzte sich nach und nach durch. Durch die Entstehung der Kernfamilie wurde abschließend die erste Trennung der Ebene Familie und der Ebene Zweierbeziehung und Ehe vollzogen. Im 18. und 19. Jahrhundert ging man bei der Trauung allerdings nur von einer Übergangsphase bis zur Familiengründung aus (vgl. Nave-Herz 2004: 51). Schließlich ist festzuhalten, dass die Thematisierung der Zweierbeziehung und der Ehe nicht losgelöst vom historischen Kontext der Familie und der Gesellschaft betrachtet werden kann. Die Zweierbeziehung und Ehe, wie wir sie in diesen Tagen kennen, hat ihren Ursprung in der Vergangenheit. Durch den Sprung in die moderne Gesellschaft hat ein weitreichender Wandel der Beziehung und Ehe stattgefunden (vgl. Beck-Gernsheim 1986: 148).

4. Eheschließung: Bedeutung und Motive

Die Eheforschung hat in Deutschland keine Tradition. Das Thema Ehe und vor allem das Ehegattensubsystem, werden lediglich als ein Teil der Familienforschung aufgefasst und sind deshalb vernachlässigt worden. Erst in jüngster Zeit scheint das Interesse an einer Eheforschung zu wachsen (vgl. Nauck/Onnen-Isemann 1995:   383).   Im folgenden Kapitel werden Forschungsergebnisse bezüglich der Bedeutung der Ehe bei der Heirat, die Entscheidungsprozesse, die zur Heirat führen, und die Motive für die

Eheschließung sowie Ehetypologien unter besonderer Berücksichtigung geschlechts- und milieuspezifischer Differenzen untersucht (vgl. Nauck/Onnen-Isemann 1995: 383).

4.1 Bedeutung der Ehe

Unterschiedliche repräsentative Untersuchungen, die den allgemeinen Stellenwert der Ehe im Gegenteil zu anderen Lebensbereichen analysiert haben, kommen zu dem Ergebnis, dass die Ehe immer noch bei der Bevölkerung anerkannt wird (Nauck/Onnen-Isemann 1995: 384). Allerdings wird auch auf einen Bedeutungsverlust hingewiesen: „„... mit dem Verlust ihres Versorgungscharakters durch die zunehmende wirtschaftliche Unabhängigkeit der Frau, verliert die Ehe auch ein Stück ihrer bisherigen Bedeutung" (Nauck/Onnen-Iseman 1995: 384). Das ist jedoch kein neuer Befund. So stellte Pross bereits vor zehn Jahren fest, dass die Ehe aus Sicht der meisten Menschen nicht primär das Ziel hat, die wechselseitige Versorgung zu sichern und den persönlichen Status zu steigern. „Wer heiratet, verspricht sich davon anderen „Gewinn". Er möchte wissen, wo er sozial, und emotional hingehört. Er hofft auf Befriedigung sexueller Art, auf affektive Solidarität, gegenseitige Unterstützung und Beistand für die persönliche Entfaltung (Nauch/Onnen-Iseman 1995: 384). Nave-Herz (1984) analysierte unter systemtheoretischer Perspektive die Bedeutungszuschreibung von Ehe und Familie bei der Trauung, indem sie Wünsche und Erwartungen bei Ehebeginn retrospektiv erhob. Alle befragten Paare der Eheschließungskohorten 1950, 1970 und 1980 verbanden mit der Verehelichung das Verlangen nach Dauerhaftigkeit der Partnerbeziehung (Nauck/Onnen-Iseman 1995: 384). Andere Studien haben zwar demgegenüber auf Differenzen zwischen Ehe und anderen Beziehungsformen hingewiesen, die nicht nur die Bedeutung der Ehe betreffen, aber trotzdem vermuten lassen, dass Unterschiede vorhanden sind – z.B. im Bezug zum Institutionalisierungsgrad, auf die Einstellung zu Kindern, auf die partnerschaftliche Hausarbeitsteilung, auf die Mächteverhältnisse in der Beziehung, auf die Partnerschaftsqualität, auf die gegenseitige finanzielle Unterstützung und weitere Unterstützungsleistungen wie auch im Hinblick auf die Bedeutungsbeimessungen der Heiratsmotive (vgl. Nauck/Onnen-Iseman 1995: 385). Im Allgemeinen kann festgehalten werden, dass im historischen Vergleich die Bedeutung der Ehe in der (dauerhaften) emotionalen Bindung zwischen den Ehepartnern in Verbindung mit einer starken Kinderorientierung zu liegen scheint. „Insbesondere werden ihre positiven emotionalen Aspekte heute am stärksten betont; materieller und berufliche Zielsetzungen sowie die kontinuierliche sexuelle Beziehung – wie noch vor 20 Jahren – werden kaum erwähnt" (Nauck/Onnen-Iseman 1995: 385). Dies gilt bei der Gründung der Ehe. Inwieweit sich die Bedeutung der Ehe im Ehe- und Lebensverlauf modifiziert, bleibt offen (vgl. Nauck/Onnen-Iseman 1995: 385).

4.2 Motive für die Eheschließung

Im Gegenteil zu Untersuchungen, die die Bedeutung der Ehe analysierten, liegen zur Frage nach den Motiven und Anlässe für eine Eheschließung zahlreiche qualitative und quantitative Studien vor (Nauck/Onnen-Iseman 1995: 387). Berücksichtigt werden folgend nicht nur die Motive und Anlässe der Trauung, sondern auch die Entscheidungsprozesse, die letzten Endes zur Eheschließung führen (vgl. Nauck/Onnen-Iseman 1995: 387). In einer Studie unter modernisierungstheoretischer Perspektive wurde ermittelt, dass Liebe offensichtlich eine notwendige Voraussetzung der Eheschließung ist, aber andere Gründe hinzukommen; so z.B. der Wunsch nach einem richtigen Familienleben, nach Sicherheit und Geborgenheit und nach Kindern. Nur 21% der befragten Männer und Frauen gaben als einziger Grund, nämlich Liebe, als ausschlaggebend für die Trauung an (Nauck/Onnen-Iseman 1995: 389). Im historischen Vergleich lässt sich in den letzten 20-30 Jahren eine Verzögerung in Richtung einer Konzentration auf kindorientierte (d.h. Kinderwunsch oder Schwangerschaft) Motive festzustellen (Nave-Herz 1989: 214). Darüber hinaus zeigen die dargestellten Ergebnisse, dass zur „romantischen Liebe", die heute als einziges legitimiertes Heiratsmotiv gilt, ein weiterer Grund hinzutreten muss (Nauck/Onnen-Iseman 389). Im anglo-amerikanischen Sprachraum lassen sich die Forschungsergebnisse angesichts der Bedeutung von Ehe und der Gründen für die Heirat nicht trennen, aus diesem Grund werden sie zusammengefasst dargestellt. Es wird darauf hingewiesen, dass die Mehrheit der Ehepaare angegeben hat, aus Liebe geheiratet zu haben (Nauck/Onnen-Iseman 1995: 389). Andere Autoren betonen außerdem, dass die Motive für die Trauung komplexer sind als der Grund „weil wir uns lieben" oder dass jeder Grund für die Eheschließung mit einem emotionalen Zustand übereinstimmen (vgl. Davis 1985: 141). Übereinstimmend in allen Studien werden zwei Ausdrücke genannt, die von den Befragten immer wieder gebraucht wurden: Sicherheit und Gefährtenschaft. Im Jahr 1986 erklärt Nordstrom sie basierend auf den Aussagen der von ihm männlichen Befragten: Die Ehe wurde von den Männern dargestellt als Basis, als Zuflucht, als Hafen, aus dem man in die feindliche Welt geht und in den man zurückkehrt für emotionale und körperliche Zuwendung. Die Männer haben mit der Ehefrau jemanden, mit dem sie Sorgen und Gefühle teilen können. Die Sicherheit der Ehe wird aber auch in ökonomischer Hinsicht thematisiert (vgl. Davis 1985: 141). Frauen heiraten eher als Männer aus rationalen Motiven, so aus kindbezogene (z.B. Schwangerschaft) oder instrumentellen Gründen (z.B. Suche nach finanzieller Vorteile) (vgl. Nave-Herz 122). Sie entscheiden sich für eine Ehe kurz und entschlossener als Männer, d.h. Der Entschluss zur Heirat liegt bei Frauen bis zu einem Jahr, bei Männern dagegen länger (Eckert 1989: 14). Darüber hinaus wird festgestellt, dass Frauen und Männer, ob geschieden oder verheiratet, bei der Eheschließung an erster Stelle der Wunsch stand, gemeinsam etwas aufzubauen. Nachfolgende Gründe waren eine Schwangerschaft oder der Wunsch nach einem Kind sowie die Bedeutung, verheiratet zu sein (ebd.: 77). Die Koppelung von Heirat und Familiengründung ist in vielen Fällen und in allen Milieus zu finden. Aber insbesondere im Arbeitermilieu des Ruhrgebiets und im ländlichen Milieu bzw. in ländlichen Regionen ist die Familiengründungsabsicht einer des bedeutendsten Motive für eine Eheschließung und bei vielen verheirateten Befragten war eine voreheliche Schwangerschaft zumindest ein Heiratsmotiv (vgl. Nauck/Onnen-Iseman 390). In diesen Milieus wurde ebenfalls vornehmlich aus Liebe geheiratet, was jedoch eine spätere Familiengründung nicht in den Hintergrund drängt (ebd. 390). Im Akademiker- und Technikermilieu sind im Gegenteil wesentliche Heiratsmotive für die (der Ehe gleichgültig gegenüberstehenden) Befragten entweder, dass die Partnerin bzw. der Partner gern die Ehe eingehen möchte oder vermeintlich pragmatische Vorteile: Steuerliche Erleichterungen, soziale und rechtliche Absicherung des nichterwerbstätigen Partners, leichtere Regelung der Besitzverhältnisse (vgl. Nauck/Onnen-Iseman 390). Sucht man nach Gründen für eine Eheschließung, können drei Faktoren ausgemacht werden, die zur Trauung führen: a) Die Ehe wird aus einem bestimmten Nutzen heraus geschlossen z.B. die Erwartung Kinder zu bekommen, finanzielle Absicherung usw. b) Die Selbstverständlichkeit der Ehe wird als Grund genannt. Eine Eheschließung wird in der biographischen Laufbahn zweifellos als „natürlich" betrachtet. c) Die Emotionalität wird ebenfalls als Motiv betrachtet. Eine Eheschließung soll die emotionale Bindung zweier Menschen bestätigen und verstärken. Das Motiv der Emotionalität wird allerdings ausnahmsweise als einziger Grund angegeben. Die genannten Punkte gelten für westliche Industrieländer. Kulturabhängig sind Verpflichtungen der Ehe sowie deren Status. Seit 1970 werden in der westlichen Kultur kaum mehr Unterschiede zwischen Ehe und unehelicher Lebensgemeinschaft gemacht. Andere Formen der Zweierbeziehung werden anerkannt und akzeptiert. Das Statussymbol und der Symbolwert der Ehe haben sich bedeutsam reduziert (Lenz 2009: 18).

5.   Das Ende der Liebe? - Auflösungsphase in einer Zweierbeziehung und Ehe

Nach mehrerer Auseinandersetzungen mit verschiedener Literatur, stellt sich die berechtigte Frage nach dem Ende der Liebe; genauer gesagt nach der Auflösungsphasen in einer Zweierbeziehungen und Ehe. Die Tiefe der romantischen Liebe kann den Anfang einer Beziehung ebnen, sie kann aber eine langanhaltende Partnerschaft nicht garantieren. „… in der Liebesbeziehung das Bedürfnis in seiner Besonderheit und Einmaligkeit erkannt zu werden, in der Ehebeziehung in seiner ganzen Persönlichkeit akzeptiert zu werden" (Wagnerova 1982: 89). Darüber hinaus lässt sich schließen, dass sich Liebe im Laufe der Zeit ändern kann. Jede Zweierbeziehung endet, spätestens mit dem Tod einer der beiden Partner. Wenn aber von der Auflösung einer Zweierbeziehung die Rede ist, dann ist in der Regel, nicht das „natürliche" Ende gemeint, sondern der Schluss durch Willensstärke (Lenz 2009: 159). Nicht jeder Krise in einer Beziehung führt zu einer Trennung. Wohl keiner länger bestehenden Zweierbeziehung bleiben dennoch Krisen erspart, die mit einer unterschiedlichen Zeitdauer und auch Intensität ihre Bestandsphase unterbricht (vgl. Lenz 2009: 135). Unter einer Krise wird „eine subjektiv als belastend wahrgenommene Veränderung der Beziehung bezeichnet, die eine Unterbrechung der Kontinuität des Handels und Erlebens und eine Destabilisierung im emotionalen Bereich zu Folge hat" verstanden (Lenz 2009: 135). Ein Konflikt in einer Zweierbeziehung steht in einem engen Zusammenhang mit einer Krise. Nichtsdestoweniger wird hier der Vorschlag gemacht, beide Konzepte zu trennen. Ein Konflikt kann definiert werden als „an interaction between persons expressing opposing interest, views, or opinions (…) or (…) as an interaction in which partners hold incompatible goals" (Lenz 2009: 136). Ein Konflikt kann mit einer Krise zusammenfallen, das muss aber nicht immer der Fall sein. Eine Krise in der Zweierbeziehung kann nach Beendigung eines Konflikts andauern und viele neue Konflikte umfassen. Eine jede Krise umfasst einen oder mehrere Konflikte, aber nicht jeder Konflikt scheint schon eine Krise darzustellen. Dennoch kann ein Konflikt die Initiierung oder gar Ursache für eine Krise sein (Lenz 2009: 137). Ein Konflikt ist in eine face-to-face Interaktion eingebettet und kann auch nonverbale Mittel umfassen, die von Gesten bis hin zur Anwendung physischer Gewalt reichen können. Gewalt ist nicht nur ein Konfliktmittel neben anderen, sie hat signifikante Stellung inne. Zweierbeziehungen sind momentan durch maximale Anforderungen an die Wertschätzung der beidseitigen Individualität geprägt. Dies ist, wie später gezeigt wird, ein wichtiger Kern der romantischen Liebe. Mit dieser Vorgabe ist – zumindest einseitige

- Gewaltanwendung nicht vereinbar (vgl. Lenz 2009: 138). In Bezug auf den Institutionalisierungsgrad von Zweierbeziehungen lassen sich Unterschiede in den Trennungs- und Scheidungsraten konstatieren. Nichteheliche Lebensgemeinschaften sein weit weniger stabil, d.h. im Vergleich zur Ehe sind die Lebensgemeinschaften insgesamt in modernen Gesellschaften noch immer weniger dauerhaft. In Hinblick auf die Trennungswahrscheinlichkeiten von unverheirateten Paaren spielt auch eine Rolle, dass diese seltener Kinder haben als Ehepaare (vgl. Schneider 2008: 151). Eine deutsche Längsschnittstudie kommt zu dem Ergebnis, dass die Auflösung einer nichteheliche Lebensgemeinschaft zwei zentrale Ursachen hat: mangelnde Beziehungszufriedenheit und externe Stressoren wie Berufseinstiege oder berufliche Mobilität. Da die befragten Lebensgemeinschaften keine Kinder hatten und eher selten eine ausgeprägte gemeinsame Wirtschaftseinheit besaßen, verlief der „Prozess des Liebesende" zumindest insoweit konfliktarm, als nur in Einzelfällen eine gerichtliche Auseinandersetzung stattfand. Gleichermaßen erleben insbesondere „verlassenen Personen" diese Auflösungsphase als psychisch belastend (Schneider 2008: 151).

Die Auflösungsphase in einer Ehe bzw. das Thema Scheidung – anders als Trennungen von nichtehelichen Lebensgemeinschaften - werden seit längerem untersucht (vgl. Schneider 2008: 151). Hohe Scheidungsraten – in Deutschland wird „mehr als jede Dritte Ehe", in den USA gar jede zweite wieder geschieden – haben dazu beigetragen, dass die Endphase einer Ehe verstärkt in den Mittelpunkt wissenschaftlicher Aufmerksamkeit gerückt ist. Die Quantität an Forschungsprojekten, Artikeln und Büchern zu diesem Thema hat sich blitzschnell gesteigert (vgl. Lenz 2009: 159). Der stärkste Anstieg von Scheidungsraten fand in den späteren 1960er und frühen 1980er Jahren statt. Seitdem hat sich in den meisten Nationen die Steigerung der Scheidungsintensität verlangsamt oder ist sogar zurückgegangen. Dabei war der Zuwachs in den modernen westlichen Ländern überwiegend hoch. Die höchsten Scheidungsraten weltweit dennoch wurden in den 1960er und 1970er in verschiedenen ehemaligen sozialistischen Staaten Osteuropas beobachtet, doch sind diese nach dem Zusammenbruch der sozialistischen Wirtschaft Ende 1980er Jahre wieder stark heruntergegangen (vgl. Schneider 2008: 152). Die Auflösungsphase hat seit einiger Zeit erhebliches Interesse gefunden (Lenz 2009: 162). Besondere Aufmerksamkeit hat das Modell der Frame-Selektion im Rahmen der Mannheimer Scheidungsstudie von Hartmut Esser (2003) erweckt. Dieser Ansatz beruht zwar auf austauschtheoretischen Grundlagen, ist aber auch bestrebt, andere, eher kulturalistische Ansätze zu implizieren. Dieses Modell geht davon aus, dass Scheidungen das aggregierte Resultat des Handelns der Partner darstellen (vgl Lenz 2009: 162). „Frames" sind die in einem Kollektiv verbreiteten und geteilten Muster gedanklicher kultureller Modelle und kollektiver Repräsentationen. Es sind vorgefertigte Orientierungen, Codes und

Einstellungen, in denen das Wissen (…) über die Oberziele festgelegt sind, um die es in einer Situation geht" (Esser 2002 34). Hier handelt sich nicht um die „kalkulierende Rationalität" der Akteure, sondern um „die Macht von gedanklichen Modellen und symbolischer Repräsentation in einer Situation" (Esser 2002: 59). Das Ablösungs-Phasenmodell von Steve Duck (1982) nimmt im gleichen Sinne austauschtheoretische Überlegungen auf, im Kontrast dazu werden stärker die Prozessperspektive betont. Duck beschreibt die Auflösungsphase als: „The most important observation for research is that we must avoid the risk of seeing relationship dissolution as an event. On the contrary, it is a process, and an extended one with many facets: affective, behavioral, cognitive, intra-individual, dyadic and social" (Lenz 2009: 163). Duck kritisiert die gängige Forschungspraxis, in der noch vielfach eine Konzeptualisierung der Auflösung als bloßes Ereignis und einfache Erklärungsmodelle (fehlende Kompatibilität, Fehlverhalten usw.) dominant sind. Laut Duck umfasst die Auflösungsphase – mehr oder minder offen – die Partizipation beider Seiten, die wechselseitig aufeinander bezogen handeln und sich vielfältig gegenseitig beeinflussen (vgl. Lenz 2009: 163). Duck geht von der Annahme aus, „that persons are strongly driven by emotions and feelings – or, at the very least, that their decisions create emotions and feeling". Es sollte nicht davon ausgegangen werden, dass eine Beziehungsauflösung eine Wahl darstelle, die frei sei von Zwängen, wie sozialem Druck der Herkunftsfamilie, der Einflussnahme von Peers oder auch das Bedürfnis, das Gesicht zu wahren (vgl. Lenz 2009: 164). Zentrales Ergebnis der Studie von Judith Wallerstein ist, dass es in Scheidungsfällen meist „Gewinner" und „Verlierer" gibt. In ca. 66% der Fälle hat eine der beiden Seiten eindeutig vom Ende der Ehe profitiert. Sie haben ihre Lebensqualität verbessert, leben in erfüllenden neuen Zweierbeziehungen, haben ein soziales Netz aufgebaut und keine Symptome eines gestörten Gefühlsleben. Dagegen ist der bzw. die Ex-Partner/in schlechter dran als in der Ehe. Nur in 10% der Fälle haben beide Partner profitiert, in den restlichen 24% geht es beiden heutzutage schlechter als in der Ehe. Gewinner bei Scheidungen sind – und dieses Ergebnis weist einmal auf die Rollendifferenzierung hin – meist diejenigen, die die Scheidung in Gang gebracht haben (vgl. Wallerstein/Blakeslee 1988: 120).

6. Schlussbetrachtung

Die Gründe, warum heute Menschen heiraten, haben sich im Laufe der Zeit deutlich verändert. Gegenwärtig spielen emotionale Motive, genauer gesagt die Liebe, die bedeutendste Rolle bei diesem persönlichen Entschluss. „Die Emotionalisierung der Familie trug ihren endgültigen Sieg davon, als die „romantische Liebe" und nicht mehr das Vermögen oder die Arbeitskraft zum einzig legitimen Heiratsgrund wurde. Damit setzte sich die romantische-idealistische Interpretation der Ehe als „Bund verwandter Seelen" - eine gebräuchliche Formulierung in jener Zeit – durch (Nave-Herz 2004: 50). Inzwischen haben die meisten Menschen nicht mehr primär das Ziel bei der Eheschließung, die wechselseitige Versorgung zu sichern und den persönlichen Status zu steigern, sondern affektive Solidarität, gegenseitige Unterstützung, Beistand für die persönliche Entfaltung und Befriedigung sexueller Art (vgl. Nauch/Onnen-Iseman 1995: 384). Die „romantische Liebe" ist offensichtlich eine notwendige Anforderung der Eheschließung. Ausschlaggebend für die Trauung ist aber der Wunsch nach einem richtigen Familienleben, Sicherheit und Geborgenheit und nach Kindern (vgl. Nauch/Onnen-Iseman 1995: 389).

Die „romantische Liebe" kann den Anfang eine Zweierbeziehung ebnen, eine langfristige Beziehung kann diese tiefe Liebe dennoch nicht gewährleisten (vgl. Wagnerova 1982: 89). Insgesamt kann festgestellt werden, dass nicht jeder Konflikt oder jede Krise in einer Beziehung zu einer Trennung führt. Beide Konzepte sind in der Auflösungsphase einer Zweierbeziehung und Ehe zu trennen. Eine Auseinandersetzung kann in nonverbale Form stattfinden und von Gestern bis zu Anwendung von physischer Gewalt reichen. Eine Krise in einer Zweierbeziehung und Ehe führt zur einer belastend wahrgenommenen Veränderung der Partnerschaft, die die Kontinuität des Handels und Erlebens unterbricht, und eine Destabilisierung im emotionalen Bereich bei den einzelnen Individuen verursacht (vgl. Lenz 2009: 135).

Studien zeigen, dass nichteheliche Lebensgemeinschaften weniger stabil als Ehen sind. Die Auflösung dieser Art von Partnerschaft zeigte zwei zentrale Gründe für die Trennung: mangelnde Beziehungszufriedenheit und externe Stressfaktoren wie Berufseinstiege oder berufliche Mobilität (vgl. Schneider 2008: 151). Da die befragten Personen kinderlos waren und eher selten eine ausgeprägte gemeinsame Wirtschaftseinheit hatten, verlief der Prozess der Auflösung somit konfliktarm. Gleichfalls empfunden die „verlassenen Personen" diese Auflösungsphase als psychisch belastend (vgl. Schneider 2008: 151).

Literaturverzeichnis

1.   BECK-GERNSHEIM, ELISABETH (1986),   Bis dass der Tod euch scheidet? –
Wandlungen von   Liebe und Ehe in der modernen Gesellschaft, München,   Archiv
für wissenschaftliche Praxis der sozialen Arbeit Heft 2 – 4

2.   BURSCHEL, HANS-OTTO (2007), Ehe, in: Dt. Verein für öffentliche u. private
Fürsorge e.v (Hrsg.): Fachlexikon der sozialen Arbeit, Baden-Baden, Nomos
Verlagsgesellschaft, 6. Auflage

3.   ESSER, HARTMUT (2002), In guten wie in schlechten Tagen? Das Framing der
Ehe und das Risiko zur Scheidung. Eine Anwendung und ein Test des Modellls der
Frame-Selektion. In: Kölner Zeitschrift für Soziologie und Sozialpsychologie 54: 27-63

4.   GUKENBIEHL, HERMANN L. (1986), Ehe. In: B. Schäfers (Hg.), Grundbegriffe der
Soziologie. Opladen: 55-58

5.   ECKERT, R., HAHN, A. &WOLF, M. (1989), Die ersten Jahren junger Ehen.
Verständigung durch Illusionen? Frankfurt: Campus.

6.   LENZ, KARL (2009), Soziologie der Zweierbeziehung, Wiesbaden, VS Verlag für
Sozialwissenschaften/GWV Fachverlage GmbH, 4. Auflage

7.   NAVE-HERZ, ROSEMARIE (1984), Familiäre Veränderungen seit 1950,
Abschlussbericht. Oldenburg: Institut für Soziologie.

8.   NAVE-HERZ, ROSEMARIE (1989), Zeitgeschichtlicher Bedeutungswandel von Ehe
und Familie in der Bundesrepublik Deutschland: In: R. Nave-Herz / M. Markefka (Hg.),
Handbuch der Familien- und Jugendforschung, Band 1: Familienforschung. Neuwied

9.   NAVE-HERZ, ROSEMARIE (2004), Ehe- und Familiensoziologie - Eine Einführung in
Geschichte, theoretische Ansätze und empirische Befunde, Weinheim u. München,
Juventa Verlag

10.   MÜLLER, ROLF (2006), Wandel der Rolle der Frau und Auflösung der Institution
Ehe, Bremen, RMInt Verlag.

11.   SCHNEIDER, NORBERT F. (2008), Lehrbuch Moderne Familiensoziologie. Theorien,
Methoden, empirische Befunde, Verlag Barbara Budrich, Opladen & Farmington Hills

12.   Tattermusch, Walter (2007), eheähnliche Gemeinschaft, in: Dt. Verein für
öffentliche u. Private Fürsorge e.V (Hrsg.): Fachlexikon der Sozialen Arbeit, Baden-
Baden, Nomos Verlagsgesellschaft, 6. Auflage

13.   NAUCK, BERNHARD/ONNEN-ISEMANN, CORINNA (1995), Familie im Brennpunkt von
Wissenschaft und Forschung, Neuwied; Kriftel; Berlin; Luchter. Luchterhand

14.   DAVIS, K. (1985), Contemporary marriage – comparative perspectives on a
changing institution. New York: Russel Sage Foundation.

15.   WAGNEROVA´, ALENA K. (1982), Scheiden aus der Ehe, Hamburg, Rowohlt Taschenbuch Verlag GmbH

Internetquelle

1.   MARX, RITA (2011), Einführung in die Human- und Gesellschaftswissenschaften am Beispiel Familie, PDF – Text - Download von basa-online

2.   FUX, CHRISTIANE (2013), Jede dritte Ehe scheitert. Warum die Liebe in die Brüche geht, In: Focus, http://www.focus.de/gesundheit/gesundleben/partnerschaft/krise/tid-9405/scheidungen-in-deutschland-nehmen-zu-warum-ehen-so-haeufig-in-die-brueche-gehen_aid_267924.html